18 Mars 1887.

VENTE DES VENDREDI 18 ET SAMEDI 19 MARS 1887

HOTEL DROUOT, SALLE N° 1

JOLIE RÉUNION

OBJETS D'ART

ET D'AMEUBLEMENT

Orfèvrerie — Bijoux — Fourrures

Très beau lustre en cristal de roche

TABLEAUX

Meubles — Tentures — Tapis — Bronzes

PORCELAINES DE SAXE ET DE L'EXTRÊME-ORIENT

MARBRES

Me ESCRIBE	M. A. BLOCHE
COMMISSAIRE-PRISEUR	EXPERT
6, rue de Hanovre, 6	23, rue Chauchat, 23

EXPOSITION PUBLIQUE

LE JEUDI 17 MARS 1887

DE 2 HEURES A 6 HEURES

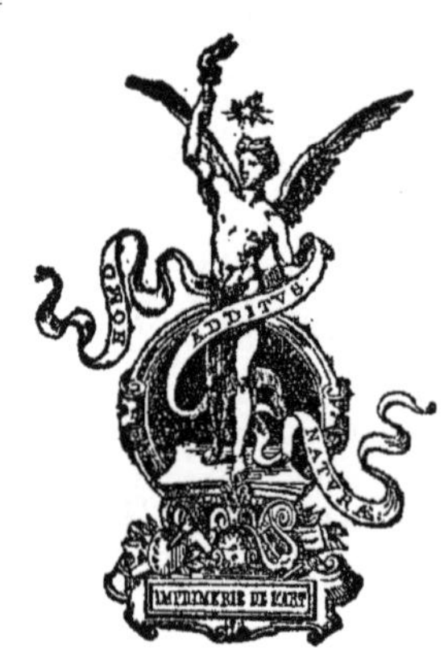
HOMO
ADDITVS
NATVRÆ
IMPRIMERIE DE L'ART

CATALOGUE

D'UNE JOLIE RÉUNION

D'OBJETS D'ART

Très Beau Lustre en cristal de roche

Porcelaines de Saxe, Chine et Japon

Faïences, Grès

Statue et Buste en marbre de Mathurin Moreau et Boero

MEUBLES EN BOIS SCULPTÉ ET INCRUSTÉS

Autres ornés de bronzes, Sièges de fantaisie

Tentures, Tapis, Glaces, Fourrures

Bronzes, Orfèvrerie, Bijoux, Objets de vitrine

TABLEAUX ANCIENS ET MODERNES

Curiosités diverses

DONT LA VENTE AURA LIEU

HOTEL DROUOT, SALLE N° 1

Les Vendredi 18 et Samedi 19 Mars 1887

A DEUX HEURES

Me ESCRIBE	**M. A. BLOCHE**
COMMISSAIRE-PRISEUR	EXPERT
6, rue de Hanovre, 6	23, rue Chauchat, 23

EXPOSITION PUBLIQUE

Le Jeudi 17 Mars 1887, de 2 heures à 6 heures

CONDITIONS DE LA VENTE

Elle sera faite au comptant.

Les acquéreurs payeront en sus des enchères *cinq pour cent*, applicables aux frais.

L'exposition mettant le public à même de se rendre compte de l'état des objets, il ne sera admis aucune réclamation une fois l'adjudication prononcée.

Paris. — Imp. de l'Art. E. Ménard et J. Augry
41, rue de la Victoire, 41,

DÉSIGNATION DES OBJETS

BIJOUX

1 — Très belle bague turquoise entourée de quatorze brillants.

2 — Bracelet en or avec turquoise forme cœur entourée de brillants, corps enrichi de brillants.

3 — Joli miroir en or mat avec chiffre et couronne en brillants et roses.

4 — Chaîne avec crochet à chiffre en or.

5 — Paire de boutons de manchettes en or avec turquoises entourées de roses.

6 — Grand médaillon en or avec chaîne en or.

7 — Broche et deux boutons de manchettes en griffes de tigres montées en or repercé.

8 — Trois bracelets-joncs en or, enrichis de brillants, rubis, saphirs et émeraudes.

9 — Belle épingle de coiffure ou à chapeau, en or mat finement ciselé. Travail de Castellani.

10 — Broche en or mat finement ciselé, forme aigle avec couronne.

11 — Broche en or, forme tête de bélier, avec boule lapis.

12 — Épingle fer à cheval en brillants et œils-de-chat.

13 — Joli flacon enrichi d'une grande turquoise entourée de diamants; monture or de Thomas.

14 — Flacon avec bouchon, forme fer à cheval, en or mat, enrichi de saphirs et de diamants.

15 — Bracelet-serpent en or poli, enrichi de perles grises et de roses.

16 — Bracelet deux corps en or poli, enrichi de roses.

17 — Broche forme flèche en roses et perles d'Orient.

18 — Broche-barrette en roses et rubis.

19 — Flacon en porcelaine de Saxe : Jeune Femme tenant un éventail.

20 — Flacon en porcelaine de Saxe : Pigeonnier sur lequel rentrent et sortent des colombes.

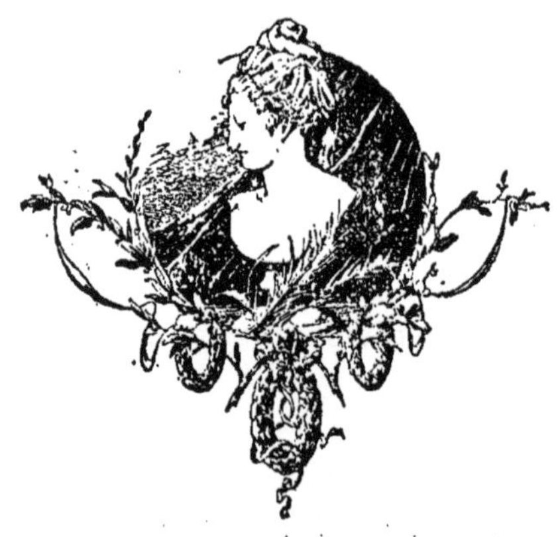

TABLEAUX

DESPORTES

21 — *Nature morte et chien.*

Signé.
Très beau tableau du maître.

MOLYN

(P.)

22 — *La Halte; village aux environs de Dordrecht.*

LAGRENÉE

23 — *Vénus et Amour.*

EISEN

24 — *Enfants assis sous un tertre et jouant avec des ciseaux.*

BROWN

(J. L.)

25 — *Le Retour de la chasse.*

BROWN

(J. L.)

26 — *La Visite aux perroquets.*

LEDOUX

(Mlle)

27 — *Jeune Fille à la colombe.*

VAN LOO

28 — *Portrait de dame en costume Louis XVI.* Pastel.

ÉCOLE FRANÇAISE

29 — *Portrait de seigneur en costume de garde du corps.*

SANTERRE

30 — *Portrait de dame en costume oriental.*

DANLOUX

31 — *Portrait de dame, époque Louis XV.*

COYPEL

32 — *Enfants à leur toilette.*

CANALETTI

33 — *Vue du Grand Canal, à Venise.*

CANALETTI

34 — Pendant du précédent.

PORBUS

35 — *Portrait de dame en costume du XVIe siècle.*

WILLE

36 — *La Toilette du matin.*

JEAURAT

37 — *Le Café des Patriotes.*

SCHOVARTS

38 — *Bord de la mer avec nombreuses figures.*

SENAVE

39 — *Intérieur de taverne flamande.*

VAN DER WERF

40 — *La Sortie du bain.*

DROUAIS

41 — *Portrait de Madame Élisabeth de France, sœur de Louis XVI.*

FRÈRE
(TH.)

42 — *Une Rue, à Tanger.*

FRÈRE
(TH.)

43 — *Vue du Bosphore.*

CLÉSINGER

44 — *Campagne romaine.*

CLÉSINGER

45 — *Environs de Rome.*

ÉCOLE ANCIENNE

46 — *Portrait d'homme.*

BELLANGÉ

47 — *Cavalier dans un ravin.*

ÉCOLE FRANÇAISE

(XVIIIe siècle)

48 — *Diane et Nymphe.*

ÉCOLE HOLLANDAISE

49 — *Rendez-vous de soldats.*

DUBOIS

50 — *Paysage.*

GODCHAUX

51 — *Paysages.* Deux pendants.

GODCHAUX

52 — *Marines.* Deux pendants.

ROSE

53 — *Au bord de la mer*. Aquarelle.

HERRING

(D'après)

54 — *Scène de courses*. Gravure en couleur.

LEFEBVRE

(D'après)

55 — *Étude*. Gravure.

CHEPSKOLZ

56 — *Portrait du Grand-Duc Constantin d'Oldenbourg, à cheval.*

ÉCOLE FRANÇAISE

57 — *Scènes Louis XV.*

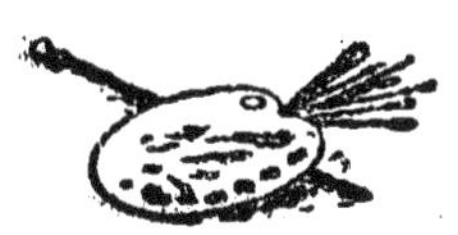

OBJETS D'ART ET D'AMEUBLEMENT

58 — Grand et beau lustre en bronze doré, style Louis XIV, garni de plaque, boules et autres pièces en cristal de roche.

59 — MATHURIN MOREAU : *Primavera*, statuette marbre.

Haut., 85 cent.; larg., 45 cent.

60 — Beau meuble-crédence en noyer orné d'incrustations d'ivoire. Travail dit *certosine*. Style XVIe siècle.

61 — Lustre en verre de Venise, système à gaz.

62 — Beau meuble à deux corps, en bois finement sculpté, richement décoré d'ornements Louis XIV.

63 — Grand meuble à deux corps séparés par une rangée de tiroirs en bois sculpté, ornée de colonnettes d'appliques sur les montants, battants en ressaut. Louis XIII.

64 — Deux canapés Louis XV, bois doré, couverts en soie changeante à fleurs.

65 — Bergère Louis XV couverte en soie, fond gris à fleurs.

66 — Chaise longue, époque Louis XV, en bois doré, couverte en canne.

67 — Deux chaises Louis XV, bois doré, couvertes, l'une en soie fond gris à fleurs, l'autre fond bleu à fleurs.

68 — Deux chaises à lyre Louis XVI, soie fond bleu à fleurs.

69 — Buste de jeune femme en marbre, par Boéro.

70 — Groupe bronze de trois figures, socle marbre rouge, d'après Clodion.

71 — Belle bibliothèque en bois d'acacia des îles sculpté, à fronton.

72 — Deux fauteuils en bois d'acacia des îles sculpté, couverts en tapisserie.

73 — Grand et beau tapis en moquette, dessin à ramages.

74 — Tasse et soucoupe de Sèvres, époque Louis-Philippe, fond bleu à dessin d'amours et fleurs.

75 — Joli petit lit en bois de Tamanou des îles, avec baldaquin et ses tentures.

76 — Bureau de dame plat, à tiroir garni de bronze.

77 — Table de style Louis XV, en marqueterie de bois garni de bronze.

78 — Deux appliques à consoles, soutenues par des têtes d'hommes et d'enfants en bois doré.

79 — Jolie console en bois d'acajou, ornée de bronzes ciselés et dorés, style Louis XVI. Travail de Dasson.

80 — Bas-relief en marbre représentant une bacchanale d'enfants. Travail ancien.

81 — Quatre bas-reliefs en bronze, d'après Donatello.

82 — Deux lampadaires d'applique en bois sculpté et doré.

83 — Garniture de trois grands vases en porcelaine de Saxe, montés sur pieds décorés de sujets Watteau, de guirlandes de fleurs en relief et de dessins d'or; sur les côtés des figurines de femmes détachées; les couvercles, à godrons, sont surmontés d'une couronne royale et d'enfants tenant un blason.

84 — Paire de très beaux vases-potiches en porcelaine de Saxe fond jaune, très finement décorés en camaïeu rouge de sujets genre Watteau.

85 — Deux très grands vases en porcelaine de Berlin à sujets de personnages et fleurs; sur les côtés, deux gueules de lions tenant des anneaux et reliant entre elles des guirlandes dorées.

86 — Deux potiches en porcelaine d'Allemagne, décorées de sujets champêtres sur fond rouge et bouquets de fleurs.

87 — Très joli tête-à-tête en porcelaine de Saxe, composé de six pièces fond blanc à sujets de chasse et personnages, rehaussé d'or.

88 — Quatre groupes en porcelaine de Saxe, représentant, avec leurs attributs, les quatre parties du monde.

89 — Belle figurine sur socle, en porcelaine de Saxe, représentant la dame à la crinoline; la jupe large et aplatie est décorée de bouquets de fleurs; elle tient un chien dans son bras.

90. — Petit arrosoir décoré de bouquets de fleurs.

91 — Deux gros chiens mopse en porcelaine de Saxe, décorés au naturel.

92 — Très joli plat ovale à lobes à deux anses rocaille dorés, le marli décoré, dans des médaillons, de sujets de paysages et de personnages fond blanc à bouquets de fleurs finement peints.

93 — Bouillon à couvercle sur plateau décoré de sujets, les anses simulant des branches d'arbre.

94 — Bustes de petit garçon et de petite fille, le bonnet richement décoré en or et fleurs, duquel se détache une plume, et le corsage orné d'un bouquet de fleurs en relief.

95 — Six tasses hautes lobées, à deux anses et sujets Watteau, fond couleur et fleurs.

96 — Douze tasses à thé décorées de bouquets et de fleurs détachées.

97 — Très grand bol à punch en porcelaine de Saxe godronnée, décoré de sujets Hogarth et de bouquets de fleurs, monté de bronze doré ; le couvercle est orné de deux enfants tenant des grappes de raisin.

98 — Jolie garniture de cheminée en bronze ciselé et doré, style Louis XVI, de Barbedienne : pendule, deux candélabres et deux flambeaux.

99 — Coffre ancien en marqueterie de bois.

100 — Deux mandolines.

101 — Boîte à musique de Genève, jouant huit airs.

102 — Coucou de Genève en bois sculpté.

103 — Canapé couvert en étoffe, genre cachemire de l'Inde, et capitonné.

104 — Divan formant coffre, avec trois coussins couverts en bourre de soie, dessin à grands ramages.

105 — Deux grandes buires en bronze, partie polie, partie patine noire, décorées de bacchanales.

106 — Deux autres buires en bronze, moins grandes que les précédentes.

107 — Très joli tête-à-tête en porcelaine de Sèvres gros bleu, à médaillons d'amours encadrés de rehauts d'or.

108 — Belle chaise longue avec coussin-traversin en satin de Chine rouge et bleu, richement brodé à chimères, fleurs et oiseaux.

109 — Décoration de lit, deux de fenêtres et trois portières en étoffe de fantaisie, à fleurs et arabesques, garnies de passementeries assorties.

110 — Lustre à quinze lumières, en porcelaine de Saxe, à figures et fleurs.

111 — Jardinière en faïence, décor représentant un convoi militaire.

112 — Deux jardinières en faïence, décor à fleurs.

113 — Deux groupes de Saxe moderne, se faisant pendants.

114 — Deux vases cylindriques en bois sculpté, de Chine.

115 — Groupe de chimères en pierre de lard.

116 — Vase forme boule, de Chine, décor polychrome au dragon, couvercle en étain.

117 — Deux bouteilles de Japon, décor à figures.

118 — Deux vases de Chine, décor à figures, rehaussés d'or.

119 — Miroir, avec cadre en porcelaine à fleurs en relief.

120 — Jardinière de Chine, décor bleu; monture en bronze noirci et frotté.

121 — Deux lampes à gaz en émail cloisonné du Japon; monture en bronze poli.

122 — Deux fauteuils et deux chaises couvertes en cretonne.

123 — Rideaux de fenêtres assortis.

124 — Couvre-pieds en soie bleue.

125 — Décorations de portes et de fenêtres en drap rouge.

126 — Décorations de fenêtres en satin de laine Havane, avec embrasses.

127 — Tenture en diagonale bleue.

128 — Deux portières, rideau relevé à l'italienne, dessin genre cachemire.

129 — Trois portières et deux décorations de croisées relevées à l'italienne, en cachemire bleu.

130 — Deux châles en cachemire de l'Inde.

131 — Joli tapis de table en peluche feu, brodé à fleurs, garni de passementerie.

132 — Bandeau en broderie de Chine, avec franges.

133 à 136 — Nombreux rideaux de tulle brodé. (Sera divisé.)

137 — Moutardier et poivrières en grès, avec montures et cuiller en argent. Dans un écrin.

138 — Deux coquilles argentées.

139 — Six salières argentées.

140 — Deux coupes en verre bleu, montées en argenture.

141 — Porte-grillades argenté.

142 — Deux vases de Delft, décor bleu.

143 — Deux candélabres à deux lumières, en bronze poli, forme griffons.

144 — Caisse d'argenterie russe, comprenant : douze couverts, douze couteaux, douze cuillers à café, une louche et une grande cuiller à ragoût.

145 — Glace biseautée, avec cadre en bois sculpté et doré, à enroulements.

146 — Glace biseautée, avec cadre en bois sculpté et doré.

147 — Bidet en vieux Rouen, décor bleu.

148 — Fontaine en faïence française.

149 à 152 — Collection de plats et d'assiettes en faïences de diverses fabriques. (Sera divisé.)

153 — Lit en chêne ciré, avec sommier.

154 — Lustre en bronze orné de cristaux.

155 — Quatre appliques en bronze ornées de cristaux.

156 — Quatre appliques en cuivre, à fonds de glaces.

157 — Tête en porcelaine décorée bleu et à guirlandes.

158 — Plateau rond guilloché et argenté.

159 — Théière, sucrier, pot à crème et six tasses en porcelaine, décor à fleurs.

160 — Jardinière en cuivre gravé, d'Orient.

161 — Beurrier en verre gravé, monture argentée.

162 — Sucrier en faïence moderne, décor jaune et bleu.

163 — Deux bouteilles en verre d'Allemagne gravé.

164 — Album en bois d'olivier, avec son chevalet.

165 — Deux cornes d'appel, monture écaille. Travail russe.

166 — Surtout de table formé de petites jardinières en verre.

167 — Chaise forme ottomane, couverte en broderie chinoise sur fond de satin encadré de peluche.

168 — Tablette de cheminée, avec bandeau en ancien brocart.

169 — Lanterne algérienne.

170 — Glace avec cadre garni d'Andrinople.

171 — Deux vide-poches en porcelaine.

172 — Bonbonnière en faïence laquée du Japon.

173 — Bouteille en grès de Doulton.

174 — Seau en cuivre gravé. XVIIe siècle.

175 — Étagère en bois noir sculpté. Style chinois.

176 — Écran en bois sculpté, avec panneau en satin brodé à personnages de Chine.

177 — Glace avec cadre à fronton, en porcelaine de Saxe, ornée de figures, d'oiseaux et de fleurs en relief.

178 — Deux appliques à six lumières de Saxe.

179 — Quatre appliques en cuivre repoussé, Louis XIV, à une lumière.

180 — Statuette en porcelaine blanche : Personnage assis et dormant.

181 — Bouteille en porcelaine, décor bleu et blanc.

182 — Deux tasses en porcelaine, décor bleu et blanc.

183 — Vase en porcelaine, décor bleu et blanc.

184 — Vase forme flambeau, en porcelaine, décor bleu et blanc.

185 — Boîte à thé, forme carrée, en porcelaine bleu et blanc, avec couvercle.

186 — Boîte à thé, forme ronde, en porcelaine bleu et blanc, avec couvercle.

187 — Gourde en porcelaine d'Imari.

188 — Vase forme carré, en porcelaine d'Imari.

189 — Boîte ronde, en porcelaine d'Imari.

190 — Petite jardinière en porcelaine d'Imari.

191 — Bouteille forme ventru, en porcelaine d'Imari.

192 — Bol en porcelaine de Chine, décor rouge.

193 — Théière en porcelaine rouge et or.

194 — Poule en faïence, fond bleu.

195 — Théière en faïence, fond bleu turquoise.

196 — Vase en faïence, fond noir, décor au dragon.

197 — Groupe en porcelaine, représentant un arbre avec oiseau et fleurs.

198 — Grande statuette de personnage, en faïence.

199 — Écran en porcelaine céladon, avec chimères.

200 — Écran en porcelaine céladon, décoré de chimères.

201 — Canard en porcelaine céladon.

202 — Bouteille forme carrée, en céladon.

203 — Vase à anses, en céladon.

204 — Vase en porcelaine céladon.

205 — Petite chimère en céladon.

206 — Jardinière carrée, en céladon.

207 — Jardinière ronde, en céladon.

208 — Bol hexagonal en céladon.

209 — Poisson en faïence.

210 — Statuette en terre cuite : Personnage.

211 — Applique en faïence : Personnage.

212 — Groupe en faïence, représentant une femme avec gourde.

213 — Chimère bizen.

214 — Groupe de deux chimères bizen.

215 — Vase bizen.

216 — Petit vase bizen.

217 — Vase avec anses formées de chimères.

218 — Bouteille et deux vases avec couvercles en terre cuite.

219 — Groupe représentant un personnage tenant une gourde.

220 — Paire de vases forme choux.

221 — Paire de vases, décor bleu et vert.

222 — Paire de vases en terre cuite, décorée.

223 — Paire de vases en terre cuite, décorée.

224 — Paire de potiches d'Imari, décor à personnages.

225 — Deux jardinières en faïence de Satzuma, décor bleu.

226 — Vase de Kanagawa.

227 — Deux vases anciens.

228 — Deux ibis anciens.

229 — Vase à anses.

230 — Bouteille en porcelaine, avec couvercle à jour.

231 — Bouteille en porcelaine en deux compartiments avec couvercle.

232 — Vase à anses bizen.

FOURRURES

233 — Manteau à manches, en loutre garni de skogs.

234 — Doublure en petit-gris.

235 — Diverses fourrures.

236 — Objets non catalogués.

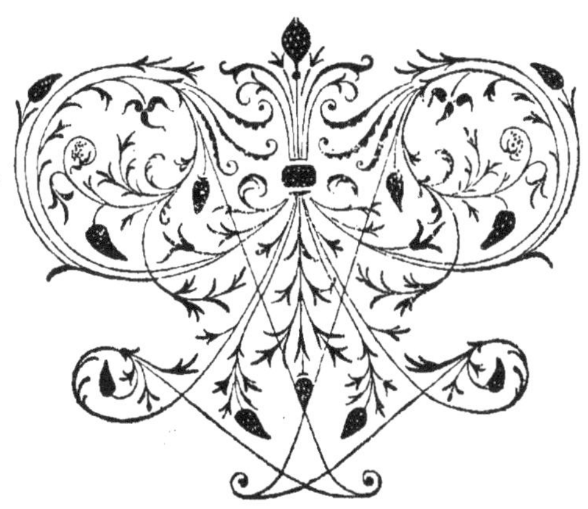

www.ingramcontent.com/pod-product-compliance
Ingram Content Group UK Ltd.
Pitfield, Milton Keynes, MK11 3LW, UK
UKHW020513180726
13839UKWH00005B/2058

9 782329 543994